MW00889358

Name _____

Message _____

_____

_____

Email / Phone _____

Name _____

Message _____

_____

_____

Email / Phone _____

Name _____

Message _____

_____

_____

Email / Phone _____

Name _____

Message _____

_____

_____

_____

Email / Phone _____

Name _____

Message _____

_____

_____

_____

Email / Phone _____

Name _____

Message _____

_____

_____

_____

Email / Phone _____

Name _____

Message _____

_____

_____

Email / Phone _____

Name _____

Message _____

_____

_____

Email / Phone _____

Name _____

Message _____

_____

_____

Email / Phone _____

Name _____

Message _____

_____

_____

_____

Email / Phone _____

Name _____

Message _____

_____

_____

_____

Email / Phone _____

Name _____

Message _____

_____

_____

_____

Email / Phone _____

Name _____

Message _____

_____

_____

Email / Phone _____

Name _____

Message _____

_____

_____

Email / Phone _____

Name _____

Message _____

_____

_____

Email / Phone _____

Name _____

Message _____

_____

_____

Email / Phone _____

Name _____

Message _____

_____

_____

Email / Phone _____

Name _____

Message _____

_____

_____

Email / Phone _____

Name _____

Message _____

_____

_____

Email / Phone _____

Name _____

Message _____

_____

_____

Email / Phone _____

Name _____

Message _____

_____

_____

Email / Phone _____

Name _____

Message _____

_____

_____

Email / Phone _____

Name _____

Message _____

_____

_____

Email / Phone _____

Name _____

Message _____

_____

_____

Email / Phone _____

Name _____

Message _____

_____

_____

_____

Email / Phone _____

Name _____

Message _____

_____

_____

_____

Email / Phone _____

Name _____

Message _____

_____

_____

_____

Email / Phone _____

Name _____

Message _____

_____

_____

Email / Phone _____

Name _____

Message _____

_____

_____

Email / Phone _____

Name _____

Message _____

_____

_____

Email / Phone _____

Name _____

Message _____

_____

_____

Email / Phone _____

Name _____

Message _____

_____

_____

Email / Phone _____

Name _____

Message _____

_____

_____

Email / Phone _____

Name _____

Message _____

_____

_____

Email / Phone _____

Name _____

Message _____

_____

_____

Email / Phone _____

Name _____

Message _____

_____

_____

Email / Phone _____

Name _____

Message _____

_____

_____

Email / Phone _____

Name _____

Message _____

_____

_____

Email / Phone _____

Name _____

Message _____

_____

_____

Email / Phone _____

Name _____

Message _____

_____

_____

Email / Phone _____

Name _____

Message _____

_____

_____

Email / Phone _____

Name _____

Message _____

_____

_____

Email / Phone _____

Name _____

Message _____

_____

_____

Email / Phone _____

Name _____

Message _____

_____

_____

Email / Phone _____

Name _____

Message _____

_____

_____

Email / Phone _____

Name _____

Message _____

_____

_____

_____

Email / Phone _____

Name _____

Message _____

_____

_____

_____

Email / Phone _____

Name _____

Message _____

_____

_____

_____

Email / Phone _____

Name _____

Message _____

_____

_____

Email / Phone _____

Name _____

Message _____

_____

_____

Email / Phone _____

Name _____

Message _____

_____

_____

Email / Phone _____

Name _____

Message _____

_____

_____

Email / Phone _____

Name _____

Message _____

_____

_____

Email / Phone _____

Name _____

Message _____

_____

_____

Email / Phone _____

Name _____

Message _____

_____

_____

Email / Phone _____

Name _____

Message _____

_____

_____

Email / Phone _____

Name _____

Message _____

_____

_____

Email / Phone _____

Name _____

Message _____

_____

_____

Email / Phone _____

Name _____

Message _____

_____

_____

Email / Phone _____

Name _____

Message _____

_____

_____

Email / Phone _____

Name _____

Message _____

_____

_____

Email / Phone _____

Name _____

Message _____

_____

_____

Email / Phone _____

Name _____

Message _____

_____

_____

Email / Phone _____

Name _____

Message _____

_____

_____

Email / Phone _____

Name _____

Message _____

_____

_____

Email / Phone _____

Name _____

Message _____

_____

_____

Email / Phone _____

Name _____

Message _____

_____

_____

Email / Phone _____

Name _____

Message _____

_____

_____

Email / Phone _____

Name _____

Message _____

_____

_____

Email / Phone _____

Name _____

Message _____

_____

_____

Email / Phone _____

Name _____

Message _____

_____

_____

Email / Phone _____

Name _____

Message _____

_____

_____

Email / Phone _____

Name _____

Message _____

_____

_____

Email / Phone _____

Name _____

Message _____

_____

_____

Email / Phone _____

Name _____

Message _____

_____

_____

Email / Phone _____

Name _____

Message _____

_____

_____

Email / Phone _____

Name _____

Message _____

_____

_____

Email / Phone _____

Name _____

Message _____

_____

_____

Email / Phone _____

Name _____

Message _____

_____

_____

Email / Phone _____

Name _____

Message _____

_____

_____

Email / Phone _____

Name _____

Message _____

_____

_____

Email / Phone _____

Name _____

Message _____

_____

_____

Email / Phone _____

Name _____

Message _____

_____

_____

Email / Phone _____

Name _____

Message _____

_____

_____

Email / Phone _____

Name _____

Message _____

_____

_____

Email / Phone _____

Name _____

Message _____

_____

_____

Email / Phone _____

Name _____

Message _____

_____

_____

Email / Phone _____

Name _____

Message _____

_____

_____

_____

Email / Phone _____

Name _____

Message _____

_____

_____

_____

Email / Phone _____

Name _____

Message _____

_____

_____

_____

Email / Phone _____

Name _____

Message _____

_____

_____

Email / Phone _____

Name _____

Message _____

_____

_____

Email / Phone _____

Name _____

Message _____

_____

_____

Email / Phone _____

Name _____

Message _____

_____

_____

_____

Email / Phone _____

Name _____

Message _____

_____

_____

_____

Email / Phone _____

Name _____

Message _____

_____

_____

_____

Email / Phone _____

Name _____

Message _____

_____

_____

Email / Phone _____

Name _____

Message _____

_____

_____

Email / Phone _____

Name _____

Message _____

_____

_____

Email / Phone _____

Name _____

Message _____

_____

_____

Email / Phone _____

Name _____

Message _____

_____

_____

Email / Phone _____

Name _____

Message _____

_____

_____

Email / Phone _____

Name _____

Message _____

_____

_____

Email / Phone _____

Name _____

Message _____

_____

_____

Email / Phone _____

Name _____

Message _____

_____

_____

Email / Phone _____

Name _____

Message _____

_____

_____

Email / Phone _____

Name _____

Message _____

_____

_____

Email / Phone _____

Name _____

Message _____

_____

_____

Email / Phone _____

Name _____

Message _____

_____

_____

Email / Phone _____

Name _____

Message _____

_____

_____

Email / Phone _____

Name _____

Message _____

_____

_____

Email / Phone _____

Name _____

Message _____

_____

_____

Email / Phone _____

Name _____

Message _____

_____

_____

Email / Phone _____

Name _____

Message _____

_____

_____

Email / Phone _____

Name _____

Message _____

_____

_____

Email / Phone _____

Name _____

Message _____

_____

_____

Email / Phone _____

Name _____

Message _____

_____

_____

Email / Phone _____

Name _____

Message _____

_____

_____

Email / Phone _____

Name _____

Message _____

_____

_____

Email / Phone _____

Name _____

Message _____

_____

_____

Email / Phone _____

Name _____

Message _____

_____

_____

Email / Phone _____

Name _____

Message _____

_____

_____

Email / Phone _____

Name _____

Message _____

_____

_____

Email / Phone _____

Name _____

Message _____

_____

_____

_____

Email / Phone _____

Name _____

Message _____

_____

_____

_____

Email / Phone _____

Name _____

Message _____

_____

_____

_____

Email / Phone _____

Name _____

Message _____

_____

_____

Email / Phone _____

Name _____

Message _____

_____

_____

Email / Phone _____

Name _____

Message _____

_____

_____

Email / Phone _____

Name _____

Message _____

_____

_____

Email / Phone _____

Name _____

Message _____

_____

_____

Email / Phone _____

Name _____

Message _____

_____

_____

Email / Phone _____

Name _____

Message _____

_____

_____

Email / Phone _____

Name _____

Message _____

_____

_____

Email / Phone _____

Name _____

Message _____

_____

_____

Email / Phone _____

Name _____

Message _____

_____

_____

Email / Phone _____

Name _____

Message _____

_____

_____

Email / Phone _____

Name _____

Message _____

_____

_____

Email / Phone _____

Name _____

Message _____

_____

_____

Email / Phone _____

Name _____

Message _____

_____

_____

Email / Phone _____

Name _____

Message _____

_____

_____

Email / Phone _____

Name _____

Message _____

_____

_____

_____

Email / Phone _____

Name _____

Message _____

_____

_____

_____

Email / Phone _____

Name _____

Message _____

_____

_____

_____

Email / Phone _____

Name _____

Message _____

_____

_____

Email / Phone _____

Name _____

Message _____

_____

_____

Email / Phone _____

Name _____

Message _____

_____

_____

Email / Phone _____

Name _____

Message _____

_____

_____

Email / Phone _____

Name _____

Message _____

_____

_____

Email / Phone _____

Name _____

Message _____

_____

_____

Email / Phone _____

Name _____

Message _____

_____

_____

_____

Email / Phone _____

Name _____

Message _____

_____

_____

_____

Email / Phone _____

Name _____

Message _____

_____

_____

_____

Email / Phone _____

Name _____

Message _____

_____

_____

Email / Phone _____

Name _____

Message _____

_____

_____

Email / Phone _____

Name _____

Message _____

_____

_____

Email / Phone _____

Name _____

Message _____

_____

_____

Email / Phone _____

Name _____

Message _____

_____

_____

Email / Phone _____

Name _____

Message _____

_____

_____

Email / Phone _____

Name _____

Message _____

_____

_____

Email / Phone _____

Name _____

Message _____

_____

_____

Email / Phone _____

Name _____

Message _____

_____

_____

Email / Phone _____

Name _____

Message _____

_____

_____

Email / Phone _____

Name _____

Message _____

_____

_____

Email / Phone _____

Name _____

Message _____

_____

_____

Email / Phone _____

Name _____

Message _____

_____

_____

Email / Phone _____

Name _____

Message _____

_____

_____

Email / Phone _____

Name _____

Message _____

_____

_____

Email / Phone _____

Name _____

Message _____

_____

_____

_____

Email / Phone _____

Name _____

Message _____

_____

_____

_____

Email / Phone _____

Name _____

Message _____

_____

_____

_____

Email / Phone _____

Name _____

Message _____

_____

_____

Email / Phone _____

Name _____

Message _____

_____

_____

Email / Phone _____

Name _____

Message _____

_____

_____

Email / Phone _____

Name _____

Message _____

_____

_____

Email / Phone _____

Name _____

Message _____

_____

_____

Email / Phone _____

Name _____

Message _____

_____

_____

Email / Phone _____

Name _____

Message _____

_____

_____

Email / Phone _____

Name _____

Message _____

_____

_____

Email / Phone _____

Name _____

Message _____

_____

_____

Email / Phone _____

Name _____

Message _____

_____

_____

Email / Phone _____

Name _____

Message _____

_____

_____

Email / Phone _____

Name _____

Message _____

_____

_____

Email / Phone _____

Name _____

Message _____

_____

_____

Email / Phone _____

Name _____

Message _____

_____

_____

Email / Phone _____

Name _____

Message _____

_____

_____

Email / Phone _____

Name _____

Message _____

_____

_____

Email / Phone _____

Name _____

Message _____

_____

_____

Email / Phone _____

Name _____

Message _____

_____

_____

Email / Phone _____

Name _____

Message _____

_____

_____

Email / Phone _____

Name _____

Message _____

_____

_____

Email / Phone _____

Name _____

Message _____

_____

_____

Email / Phone _____

Name _____

Message _____

_____

_____

Email / Phone _____

Name _____

Message _____

_____

_____

Email / Phone _____

Name _____

Message _____

_____

_____

Email / Phone _____

Name _____

Message _____

_____

_____

Email / Phone _____

Name _____

Message _____

_____

_____

Email / Phone _____

Name _____

Message _____

_____

_____

Email / Phone _____

Name _____

Message _____

_____

_____

Email / Phone _____

Name _____

Message _____

_____

_____

Email / Phone _____

Name _____

Message _____

_____

_____

Email / Phone _____

Name _____

Message _____

_____

_____

Email / Phone _____

Name _____

Message _____

_____

_____

Email / Phone _____

Name _____

Message _____

_____

_____

Email / Phone _____

Name _____

Message _____

_____

_____

Email / Phone _____

Name _____

Message _____

_____

_____

Email / Phone _____

Name _____

Message _____

_____

_____

Email / Phone _____

Name _____

Message _____

_____

_____

Email / Phone _____

Name _____

Message _____

_____

_____

Email / Phone _____

Name _____

Message _____

_____

_____

Email / Phone _____

Name _____

Message _____

_____

_____

Email / Phone _____

Name _____

Message _____

_____

_____

Email / Phone _____

Name _____

Message _____

_____

_____

Email / Phone _____

Name _____

Message _____

_____

_____

Email / Phone _____

Name _____

Message _____

_____

_____

Email / Phone _____

Name _____

Message _____

_____

_____

Email / Phone _____

Name _____

Message _____

_____

_____

Email / Phone _____

Name _____

Message _____

_____

_____

Email / Phone _____

Name _____

Message _____

_____

_____

Email / Phone _____

Name _____

Message _____

_____

_____

Email / Phone _____

Name _____

Message _____

_____

_____

Email / Phone _____

Name _____

Message _____

_____

_____

Email / Phone _____

Name _____

Message _____

_____

_____

Email / Phone _____

Name _____

Message _____

_____

_____

Email / Phone _____

Name _____

Message _____

_____

_____

Email / Phone _____

Name _____

Message _____

_____

_____

Email / Phone _____

Name _____

Message _____

_____

_____

Email / Phone _____

Name _____

Message _____

_____

_____

Email / Phone _____

Name _____

Message _____

_____

_____

Email / Phone _____

Name _____

Message _____

_____

_____

Email / Phone _____

Name _____

Message _____

_____

_____

Email / Phone _____

Name _____

Message _____

_____

_____

Email / Phone _____

Name _____

Message _____

_____

_____

Email / Phone _____

Name _____

Message _____

_____

_____

Email / Phone _____

Name _____

Message _____

_____

_____

Email / Phone _____

Name _____

Message _____

_____

_____

Email / Phone _____

Name _____

Message _____

_____

_____

Email / Phone _____

Name _____

Message _____

_____

_____

Email / Phone _____

Name _____

Message _____

_____

_____

Email / Phone _____

Name _____

Message _____

_____

_____

Email / Phone _____

Name _____

Message _____

_____

_____

Email / Phone _____

Name _____

Message _____

_____

_____

Email / Phone _____

Name _____

Message _____

_____

_____

Email / Phone _____

Name _____

Message _____

_____

_____

Email / Phone _____

Name _____

Message _____

_____

_____

Email / Phone _____

Name _____

Message _____

_____

_____

Email / Phone _____

Name _____

Message _____

_____

_____

_____

Email / Phone _____

Name _____

Message _____

_____

_____

Email / Phone _____

Name _____

Message _____

_____

_____

Email / Phone _____

Name _____

Message _____

_____

_____

Email / Phone _____

Name _____

Message _____

_____

_____

Email / Phone _____

Name _____

Message _____

_____

_____

Email / Phone _____

Name _____

Message _____

_____

_____

Email / Phone _____

Name _____

Message _____

_____

_____

Email / Phone _____

Name _____

Message _____

_____

_____

Email / Phone _____

Name _____

Message _____

_____

_____

Email / Phone _____

Name _____

Message _____

_____

_____

Email / Phone _____

Name _____

Message _____

_____

_____

Email / Phone _____

Name _____

Message _____

_____

_____

Email / Phone _____

Name _____

Message _____

_____

_____

Email / Phone _____

Name _____

Message _____

_____

_____

Email / Phone _____

Name _____

Message _____

_____

_____

_____

Email / Phone _____

Name _____

Message _____

_____

_____

_____

Email / Phone _____

Name _____

Message _____

_____

_____

_____

Email / Phone _____

Name _____

Message _____

_____

_____

Email / Phone _____

Name _____

Message _____

_____

_____

Email / Phone _____

Name _____

Message _____

_____

_____

Email / Phone _____

Name _____

Message _____

_____

_____

Email / Phone _____

Name _____

Message _____

_____

_____

Email / Phone _____

Name _____

Message _____

_____

_____

Email / Phone _____

Name _____

Message _____

_____

_____

Email / Phone _____

Name _____

Message _____

_____

_____

Email / Phone _____

Name _____

Message _____

_____

_____

Email / Phone _____

Name _____

Message _____

_____

_____

Email / Phone _____

Name _____

Message _____

_____

_____

Email / Phone _____

Name _____

Message _____

_____

_____

Email / Phone _____

Name _____

Message _____

_____

_____

Email / Phone _____

Name _____

Message _____

_____

_____

Email / Phone _____

Name _____

Message _____

_____

_____

Email / Phone _____

Name _____

Message _____

_____

_____

_____

Email / Phone _____

Name _____

Message _____

_____

_____

_____

Email / Phone _____

Name _____

Message _____

_____

_____

_____

Email / Phone _____

Name _____

Message _____

_____

_____

Email / Phone _____

Name _____

Message _____

_____

_____

Email / Phone _____

Name _____

Message _____

_____

_____

Email / Phone _____

Name _____

Message _____

_____

_____

Email / Phone _____

Name _____

Message _____

_____

_____

Email / Phone _____

Name _____

Message _____

_____

_____

Email / Phone _____

Name _____

Message _____

_____

_____

Email / Phone _____

Name _____

Message _____

_____

_____

Email / Phone _____

Name _____

Message _____

_____

_____

Email / Phone _____

Name _____

Message _____

_____

_____

Email / Phone _____

Name _____

Message _____

_____

_____

Email / Phone _____

Name _____

Message _____

_____

_____

Email / Phone _____

Name _____

Message _____

_____

_____

Email / Phone _____

Name _____

Message _____

_____

_____

Email / Phone _____

Name _____

Message _____

_____

_____

Email / Phone _____

Name _____

Message _____

_____

_____

_____

Email / Phone _____

Name _____

Message _____

_____

_____

_____

Email / Phone _____

Name _____

Message _____

_____

_____

_____

Email / Phone _____

Made in the USA
Monee, IL
23 January 2022

89638007R00057